飲食文化

梁冠文 著

編者的話

　　這套「認識中國」叢書是為小學生和中學生而寫的輔助讀物。中國是世界最大和最重要的國家之一，亦是唯一擁有五千年輝煌文明的古國，因此，中國人都應該知道和了解自己國家的疆土地理、歷史人文，以至今日的發展概況；而任何人若關心世界和人類的前途，亦都必須認識中國。作為小學和中學生的讀物，我們希望這套叢書在國民教育、通識教育和道德教育等方面，都能有所助益。

　　這叢書不屬現時學校課程的教科書，其撰寫沒有依從一般學校分科的課程結構，亦試圖打破一般教科書和學術性著述講求主題分明、綱目嚴謹、資料完整的寫作習慣。

　　叢書從介紹中國的地理山河開始，以歷史的演變為主軸，打通古今，以文化的累積為內容，將各種課題及其相關資料自由組合，以「談天說地」的方式講故事，尤重「概念性」的介紹和論述，希望能使學生對各課題的重要性和意義產生感覺，並主動地追求更多的相關資訊和知識。每冊書的「導讀」和其中每一課開首的引子，都是這種編寫方式的嘗試。

　　本叢書還盡可能將兒童和青少年可觸及的生活體驗引進各課題的討論中，又盡可能用啟發式的問答以達到更佳的教與學

效果，冀能將知識性和趣味性兩者結合起來。

已故錢穆先生於 1939 年中國對日抗戰期間，撰寫《國史大綱》，稱國人應抱著「溫情與敬意」的態度去讀國史，本叢書的編撰亦秉承這一態度，並期望學校的老師們會將這種精神傳播宏揚。

目錄

導讀

　　人的生存，最基本的除了要呼吸空氣外，就是飲和食，因此古人說：「民以食為天。」（語出司馬遷《史記》）

　　上古時代，先民餓了，除了以果實等充饑外，學懂了以漁獵覓食，最初就和其他動物一樣，只能「茹毛飲血」，直至相傳中華民族先祖之一的「燧人氏」發明了鑽木取火，把生吃變成熟食，之後歷代民眾又將「煮食」發展成「烹飪」的技藝。

　　世界很大，各地各國的民眾都有自己的飲食習慣和偏好，中國地大物博，各地環境不同，又有悠久的歷史，所以飲食文化也特別豐富多樣。

　　中國飲食文化的最大特點，就是在遠古即以穀物為主要食糧，有「五穀」、「六穀」的說法，後來由「米」和「麥」等製成的食品，成為國人的「主食」，稻米更成為人口眾多的亞洲人的最主要食糧，而由米食衍生的「筷子」文化，也流行於日本、韓國和東南亞一些地方。

　　中國本土的食材很豐富，穀類之外，禽畜、蔬果、瓜薯、珍菌、河鮮、海鮮等品類都很多，另有歷代從外地輸入的，如番茄、胡椒、玉米、番薯等等。千百年來，不同地域的民眾以無窮的智慧發明了無數不同的美食，今日統稱有「八大菜系」，其實遠不止此數，其

中又產生了全世界最複雜的烹飪方法和藝術。

　　和其他的民族一樣，古代的中國人發明了酒，有深厚的酒文化傳統。茶是中國人的特有發明，有 2,500 年歷史，在 16 世紀之後成為世界性的飲品。

　　中國人飲食文化的另一重要特色，是強調食物有「養生」、「食補」、「食療」等作用，也特別重視飲食的平衡和節制，主張飲食要得其「和」，亦應有其「德」。

　　中國古代以農立國，有「重農」的傳統，今日仍是農業大國；我們要知道耕種是很辛苦的工作，而中國人口眾多，糧食需求很大，農民對社會的貢獻是很大的，我們都要重視農業，也要懂得珍惜食物，感謝農民的辛勞。

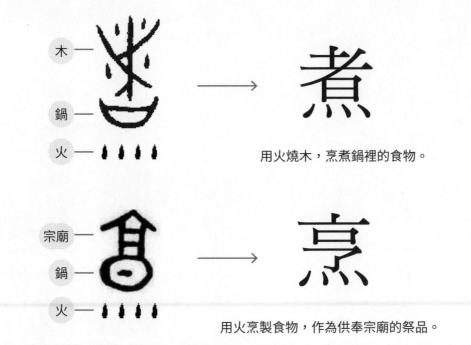

木

鍋

火

用火燒木，烹煮鍋裡的食物。

宗廟

鍋

火

用火烹製食物，作為供奉宗廟的祭品。

7

1

米的源頭在哪裡？

過年的時候，在中國的農村很多地方都會貼上「五穀豐收」或「五穀豐登」（豐登意指秋收豐盛）的揮春，可見「五穀」在中國農業經濟和社會民生上的重要性。

五穀在先秦時代已被國人確立為最主要的糧食作物，但其說法不一，亦有「六穀」之說，最初的五穀沒有稻，因稻米雖然很早便在南方的長江流域出現，但當時不是北方黃河流域的農作物；後來稻米愈來愈重要，五穀加上稻米便變成六穀了。不過，民間仍習稱五穀，並以五穀為主食，期盼年年都五穀豐收。

稻米源自中國

能詳細解釋五穀和六穀是甚麼嗎

　　古代的五穀有多種說法，最普遍的是**稷**（小米，讀即）、**黍**（黃米，讀鼠）、**麥**（分大麥和小麥）、**菽**（豆，讀熟）、**麻**。最初稷和黍最重要，民眾因此會拜祭「稷神」，另外還有「社神」，那是土地的神，「社稷」合起來就成為國家的同義詞了，有「社稷永固」、「社稷之福」等用語。至於麻會列入五穀，是因「麻籽」是可以食用的。

　　五穀加上**稻**便是六穀，先秦之後的五穀說法還是不統一的，但都有稻。此外，有一個「禾」字，廣義是穀物的通稱，狹義是單指稻，合稱「禾稻」。還有一個「粱」字，和稻合用成為「稻粱」，粱字的原意是「籽」，屬於「細食」，演變成為美食的意思。

今天最常吃的四穀：米（左上）、小米（右上）、豆（左下）及麥（右下）

稻米是在甚麼時代發明的？源頭在甚麼地方

中國是稻米的發源地，出現得很早，主要在長江流域的湖南和浙江兩地。

考古學家在湖南的道縣玉蟾岩，發現有至今可以見到的最早原始「栽培」稻，有四粒稻穀，距今約一萬年，屬新石器時代初期。名滿世界的雜交稻之父袁隆平因此稱之為「稻米之源」。

另外在浙江餘杭「河姆渡文化」遺址，出土有約七千年前的稻穀遺蹟，數量不少，反映了當時稻米耕作已開始普及。

河姆渡稻穀標本　　商代的甑鬲（讀贈力）是一種蒸飯用的青銅器，可見當時民眾已用水蒸以煮成熟飯。

稻米在亞洲各地傳播的情況如何

　　東亞周圍的國家，如日本、韓國、朝鮮，以至東南亞各地都是以稻米為主要食糧。南亞的印度、孟加拉、巴基斯坦等地亦是。吃米飯的國家總人口佔世界人口近一半呢！

　　稻米也傳到更遠的歐洲等地，像意大利有一款米食稱為 Risotto，即意大利燉飯；還有西班牙的 Paella 海鮮飯，兩者都很有名。

能解釋甚麼是「筷子文化」嗎

　　中國人吃米飯和麵條都用筷子，到現在已經有 3,000 年歷史了！最初筷子叫「箸」，就是廣東話「一箸菜」的那個「箸」。它由兩根小棒子組成，作用就像是我們手指的延伸，手指能做的動作，筷子都能，運用得好，夾、挑、拌、扒、翻都難不倒它。

　　竹和木是製造筷子最原始的材料，較高級的是用象牙、純銀及鑲金，現在則多用塑膠。在古代，不同材質的筷子意味著身份地位和權力的象徵。

　　中國是禮儀之邦，筷子不可以隨隨便便地用，它是餐桌上禮儀的象徵，筷子怎樣擺放、怎樣拿捏，都有一定的規矩，我們可不要「失禮」啊！

中日韓三國筷子大比較

中國筷子

多用木製或竹製；長度較長，因為中國人喜歡圍坐而食，

長度要足夠向遠方夾菜；頭圓且小，尾方而較大，

與中國人天圓地方的觀念一致。

日本筷子

多用木製；各自用餐，長度稍短；頭尖尾圓，方便剔出魚刺等動作

韓國筷子

多用金屬製，因為韓國菜多醃料，金屬不易染色；

各自用餐，長度稍短；形狀扁薄，方便撕開他們常吃的泡菜，

亦避免筷子滾動滑落。

你懂得怎樣正確地拿筷子嗎

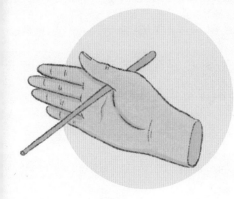

1 虎口要夾實

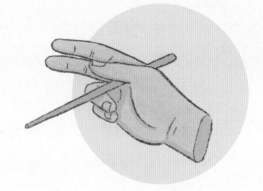

2 用兩隻手指托着筷子後，這隻筷子是固定不動的。

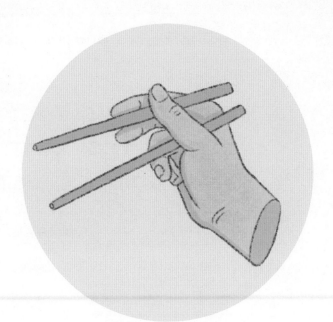

3 持另一隻筷子像持筆一樣，只移動這隻筷子挾食物。

2

五大主食？

中國有哪

按文思義，主食就是指餐單上令我們飽肚的主要食物。中國人以五穀為主食，認為人體應以「五穀為養」，其他的肉食和果菜都只是輔助性的。中國人慣常以「五」作為數詞，所以除五穀之外，也稱「五畜為益」、「五菜為充」、「五果為助」。這裡的「五」只是一個概括說法，不是只有五種，中國人也會說六穀和六畜等。這裡最主要是要明白「益」、「充」、「助」的意思，即飲食要取得平衡，不偏食。

中國人今日仍以米、麥、小米（稷）、黃米（黍）和豆等為主食，這些穀物多含豐富澱粉質和蛋白質，少脂肪，其中由米和麥產生的食物品類最多，也最重要，兩者之間，米又比麥重要，所以「吃飯」就代表了用餐，我們和人碰頭時，也常會問「您吃過飯未？」。

米飯和其他穀物經烹飪後都有很多吃法，其中又可以加上其他食材作配搭，製造出更多種類的食物，形狀、味道和口感都不同，讓我們吃得更豐富、更開心。

中國最重要的主食：米飯

能介紹米飯的烹飪變化嗎

　　米飯最簡單的吃法就是用水蒸，弄出香滑軟熟的一碗碗白飯，然後配上不同的餸菜拌著吃。除此之外，也可以弄出炒飯、湯飯和煲仔飯來，食材大可隨個人口味自由配搭，最常見的有幾類。

　　把米煮成飯後，加入鹹魚和雞粒同炒，便是鹹魚雞粒炒飯；加入火腿、蛋及番茄醬等便成了西炒飯；加入蝦、魷魚、蜆等便成了海鮮炒飯，變化是無窮盡的。

　　米飯加入肉湯或魚湯，再加入其他食材，就是湯飯，又稱泡飯，即連湯連飯一起吃，常見的有肉粒瓜湯飯、方魚蠔仔肉碎湯飯等等，也是自由配搭，各適其適。

不同的五穀都可用來作一粒粒的米飯

蒸飯

在中國南方如香港，還有常見的煲仔飯，做法是把生米加入清水後，放在小瓦煲內用猛火加熱；待米差不多煮成飯時，加入食材如肉類或海鮮之類，繼續以火催熟，把儲藏在食材內的油脂和鮮味迫出，混合在米飯之中。熟後一整煲熱烘烘的上桌，在涼颯颯的秋冬時候感覺特別滋味。

其他米飯的做法還有蒸飯、盅頭飯、粢飯（把飯包成糰狀的飯糰）等等；此外，日本人會用飯糰製作壽司、手卷。「吃飯」的方式千變萬化，各有風味，你又吃過多少種類呢？

米的另一種普遍吃法是做粥。

炒飯

粥是不是也有很多吃法？

是的，最簡單的當然是不加配料的白粥，但也有添放腐竹、白果等同煮，奢侈點的可以放些乾瑤柱，使白粥的味感加強。早餐吃白粥時加一條「油炸鬼」，是很多人喜歡的美食。

粥可以加入不同的食材，特別是廣東人吃粥，喜歡將粥煮到稠糊綿滑，再加上不同配料，例如皮蛋瘦肉粥、及第粥、豬紅粥、魚片粥、泥鰍粥、水蟹粥等。一些地方的粥品甚有特色，例如潮州粥的粥身較稀，水分較多，但米粒的形狀仍在，佐以花生、菜脯、鹹菜或鹹蛋，又或者加入蠔仔和肉碎等；在台灣，民眾又好吃地瓜（番薯）粥。

至於北方的粥，一般較簡單樸素，濃稠程度與潮州粥相似，多水少米，稱之為「稀飯」。

廣東粥的代表：皮蛋瘦肉粥

台灣的地瓜（蕃薯）粥

打功夫，食夜粥❓

　　廣州人說「食過夜粥」，不是說晚上吃粥，而是懂得功夫的意思。因為有一些習武的人，在操練或從事體力勞動後，愛在街上吃粥來恢復體力。

食粥的故事

　　一些粥品的背後也另有故事，例如艇仔粥據說源自廣州荔灣區，一些小販撐著小艇來賣粥，故直呼「艇仔粥」。

　　而及第粥，傳說是一名考生赴京投考，途中盤川不繼，飢腸轆轆，幸有好心人把一些動物的內臟連米煮成粥，讓他飽腹後繼續上路，後來高中及第，便稱他吃過的那碗粥為「及第粥」。

稻米是否還可以製作更多食材？

　　是的，稻米可以在浸泡和蒸煮後製成幼長的條狀，稱之為「米粉」；或將米磨成粉後，加水煮成米漿，加熱蒸成「粉皮」，長型較扁闊的條狀，稱之為「河粉」，特別吸汁，一碗湯稠味濃的牛腩河，可能河粉才是主角呢！

　　此外，米可以製成「米線」、「腸粉」、「瀨粉」等等，您都吃過了嗎？

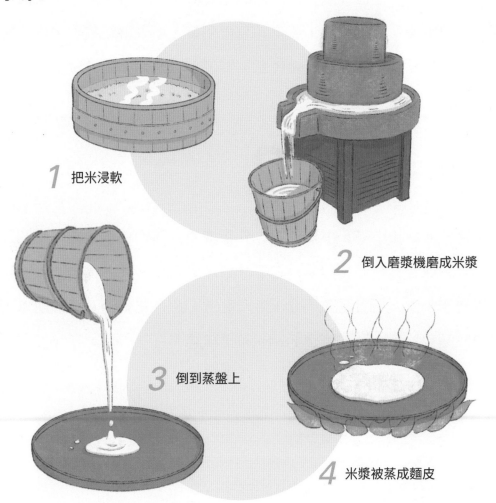

1 把米浸軟

2 倒入磨漿機磨成米漿

3 倒到蒸盤上

4 米漿被蒸成麵皮

另一類大家都非常熟悉的米製食品是粽（糭）子，一般用黏性較大的米類來做，像糯米之類，款色很多，大江南北各地都有不同的粽子。

米又可製成各種糕點和米餅，也是各地不同，日本、朝鮮等國家的又會不同。

黃米（黍）和小米（稷）又是甚麼？如何食用

黃米和小米在古代是北方人民的主要糧食，今日在河南、山西等地方仍很重要。兩者之間，黃米顏色微帶黃，小米夥粒較小，均如其名。黃米較黏，現在多用於做糕點和粽子，小米則多用於做粥，被認為是「養胃」的一種健康食品。

可以介紹五穀的麥嗎

麥分大麥和小麥，小麥在中、外都成為人類的主要食糧。中國人用小麥製成各種麵條、饅頭、包子、餃子等食物。北方水稻不多，耕作以種麥為主，因此過去有稱「南人吃米，北人吃麥」。西方則以小麥製成麵包、意大利式麵食 Pasta 和蛋糕等。

大麥較粗糙，現在多用作禽畜的飼料。

麵食有甚麼重要的種類？

　　麵條有粗有幼，有圓有扁，基本上較粗的麵條會配較濃稠的醬汁，讓湯汁掛在麵上，如多放肉湯的山西「刀削麵」、加上香辣油的陝西「油潑扯麵」；而幼身麵條放清湯或濃湯都有，清如蘭州「牛肉拉麵」，或濃如北京的「炸醬麵」。南方流行「蛋麵」，最幼小的稱「銀絲細麵」。

1 麥粉與水搞拌形成麵團

2 搓麵團　　*3* 然後把麵團壓平成扁平狀　　*4* 切成麵條

那麼饅頭和包子、餃子呢 ?

　　饅頭和包子、餃子的外皮，都是由小麥而來。製作方法都是先把小麥磨成粉，再加水搓成粉團。

　　饅頭又稱為「饃饃」或「蒸饃」，北方人最常吃，內裡無餡，而有餡的則稱為包子。饅頭的做法簡單，又容易飽腹，而且攜帶方便，所以一直很受歡迎。

　　包子可加入素餡或肉餡，素餡包括各種蔬菜、蓮蓉、豆沙和芝麻等；肉餡主要加入豬肉，如叉燒包，也有將素餡和肉餡混在一起的，如菜肉包，裡面放湯的叫湯包、小籠包等。

包子

餃子

餛飩

　　餃子跟包子相似，分別在於餃子的外皮搓得更薄，形狀也比較小，蘸些醬油、醋甚至辣油，兩口便能吃掉一個。餃子的吃法，最常見的有三種：蒸餃、湯餃及煎餃。西安的「餃子宴」有 100 多種餡料，是地方的特色食制，聞名全國。

　　與餃子相近的是餛飩，廣東人稱「雲吞」。餛飩皮較餃子薄、餡也較少，多數配湯吃，也有淋醬油吃的，如「紅油抄手」。

五穀中的豆是甚麼豆？

　　豆的品種很多，多按顏色分別命名，有黃豆（又稱大豆）、白豆、紅豆、綠豆、黑豆、眉豆等等。豆可以煮粥和做糕餅，所以也是主食類，不過，大豆可以製成豆腐、豆乾、豆漿、豆腐花等，變成佐餐的食物和飲品。

不同豆製品製作流程圖

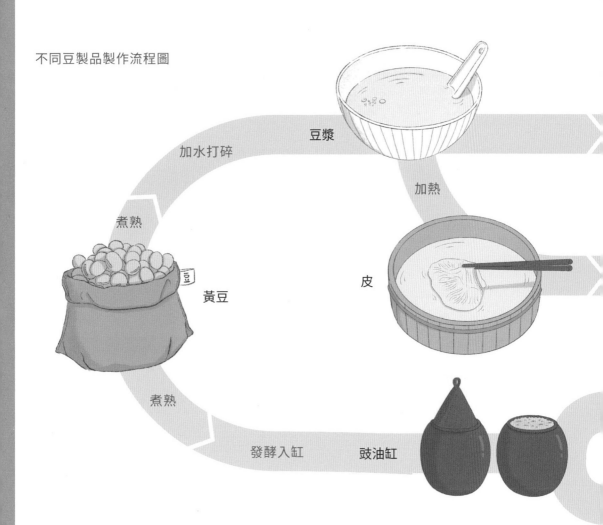

豆漿

加水打碎

加熱

煮熟

黃豆

皮

煮熟

發酵入缸　　豉油缸

此外，豆經過發酵，可以製成納豆和令人愛憎異常分明的臭豆腐等食物，也可以經過有鹽發酵，製成包括醬油、腐乳、豆瓣醬和豆豉等調味料。豆類本身營養豐富，含有不少有益人體的蛋白質及植物、礦物等元素，對補充鈣質特別有效，是民間的重要食用品。

加石膏粉　　　　　豆腐

表皮　　　腐皮　　　　　　曬乾　　　腐竹

曬乾 100 天　　　　豉油

加水再發酵 3 個月　　　　　豆醬

3

第三課
CHAPTER

特色的食材？中國有甚麼

稻米和小麥等五穀是我們的主糧，但還要有「餸」有「菜」，才算是完整的一頓「飯」。「菜」在這裡是廣義字，不單指蔬菜，也包括魚、肉、瓜果等各種不同食物，「弄幾個小菜」或「點菜」都是這個意思。餸則專指「送飯」用的菜式，在廣東比較流行，因此大家會問：「今晚食乜餸？」又或者用「睇餸食飯」一詞表示做人做事要適應現實的條件。

上文述及古人稱五畜為益、五菜為充、五果為助，說明了只靠主食是不足夠的，我們還需要從其他食材獲取充足的營養。此外，主食配搭上不同食材，也使我們的飲食更為豐富和更多滋味。

桃

漢

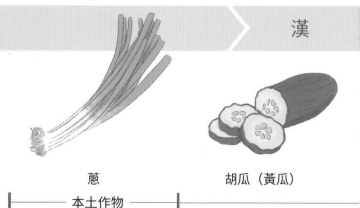

蔥　　　　　胡瓜（黃瓜）

├─── 本土作物 ───┤

中國的食材很多，有些是本土原有，但也有不少是由外地傳入的，例如冠以「番」或「胡」字的食品，如番茄、番米（即玉米）、番薯（即地瓜）、胡瓜、胡椒等都是，還有菠菜、南瓜、西瓜、大蒜、花生等都是外來的，今天都已成為國人的重要食材；其中的番薯是在明代傳入的，雖然只是一種粗食，可是因為它種植容易，又含有豐富的澱粉質和糖分，在鬧饑荒的時候，小小的一個已夠飽肚，許多人便是靠它生存下來；又如西瓜，古稱寒瓜，原產地在非洲，從西域沿絲綢之路傳入中國，西瓜果瓤多汁，成為廣大民眾在夏天「消暑解渴」的重要水果。

食材有的是從耕種和採摘而來，如各類蔬菜、瓜果和菌類；有的從養殖和捕獲而來，如家禽和魚類等水產，其中一些從大自

茄子　　　　　　　　　　西瓜　　　　　　　　　　蕃茄

晉　＞　唐　＞　宋　＞　明

菠菜　　　　　　　　　　　　　蕃薯

—— 外來作物 ——

不同作物傳入中國時間表

然採捕所得的較稀有食材，被形容為「山珍海味」。在這一課，就讓我們認識多一點中國各種不同食材的故事和特色，先從禽畜談起，其後是水產、瓜果、菌類和野味等。

為甚麼要先談禽畜呢

人類在懂得農耕之前，主要是以漁獵為生，獵是狩獵野生動物，後來人類運用智慧馴化和畜養動物，因此中國有「五畜」、「六畜」的說法，在先秦的典籍已有記載。

古代的六畜是「馬、牛、羊、雞、犬、豕（豬）」，都可食用，但以羊和豬最重要；馬、牛、犬同時也是人類生活的重要「助手」，因此，後來食用的六畜有以鴨、鵝代替馬和犬。

雞丁

為甚麼古代羊和豬最重要呢？

　　兩者都是易繁殖、易馴養的動物，羊在遊牧社會的時代即很重要，中、外都是一樣，現在也還是中國草原和高原地帶，如內蒙古、甘肅、寧夏、新疆、西藏、青海等地的主要肉食。甲骨文很多字都由羊而來，如「美」、「善」等。

「美」字的甲骨文。下面是「大」字，指正面站立的人；上面是羊，指帶上「羊」角便是美了。

「善」字的金文，中間是「羊」，下方是兩個「言」字，也是用了「羊」造正面的字。

「家」字的甲骨文，屋內有豕（豬），引伸為「家」。

　　羊在古代又常用於祭祀，這是「犧」字的來源，看看字中就有羊，「犧牲」一詞帶有奉獻的含義，也由於此。

　　豬的畜養不用牧地，在家中即可，我們看「家」字，是在屋頂下有豬，由此可見豬在古代農耕社會的重要性。

古代物資匱乏，肉食得來不易，因此人們不會浪費六畜身上的任何部位，而是運用智慧將之也變成美食。我們以豬來作例子，古人會將豬耳製成滷水豬耳、豬腸製成豬大腸、豬舌製成白灼豬舌、豬肚製成胡椒豬肚湯、而豬的心、肝、肺等內臟都是食材。

豬耳：滷水豬耳

豬皮：豬皮魚蛋

豬腸：豬大腸

豬舌：白灼豬舌

豬心豬肝豬肺：爆炒豬雜錦

豬肚：胡椒豬肚湯

那麼牛和雞呢？

　　牛的繁殖量不如羊和豬，而且牛能耕田，吃牛等如削弱生產力，所以在好幾個朝代，政府都不許百姓私自宰牛。此外，很多人也因牛對人類的貢獻很大，不願意吃牛；要到現代經濟科技發展，不再用牛耕作，又能以養殖方法生產更多的牛，我們的飯桌上才多了食用的牛肉。

　　今日我們也食用很多的雞，但這也只是近 50 年左右的事。在此之前，雞的產量不多，而養雞的一個重要目的是讓其生蛋，所以雞不能隨便殺，要在過年過節或在重要的飲宴中才會吃雞，「劏雞殺鴨」不是家常食制，和今日很不相同。

宋畫家張擇端畫的《清明上河圖》中可以看到，不止馬，連牛都要拉車呢！

可以介紹「臘製」的肉食嗎 ？

　　古時的物產沒有現代豐富，食物供應經常受季節和自然環境影響，又沒有冰箱可以將食物冷藏，人類於是用鹽醃製和曬乾或風乾食物，使細菌不能滋生，食物得以長期保存；而這些臘製食物又會產生不同風味，成為另類美食；例如在秋冬的季節，烹調臘味（臘腸、臘肉、臘鴨等）時發出的獨特香味，特別誘人。臘味都是以鹽或醬醃

醬　　　　＋　　　豬肉　　　＋　　　火

煙熏臘肉

醃製的臘鴨，便於長期保存。

製，再風乾一段時間，但也有同時用火煙燻的。上文提及過的煲仔飯，與臘味格外搭配，肉的油分滲進飯中，滿口豐腴。臘味又可和其他食材配搭，衍生出五花八門的烹調方法，如臘味蒸雞、臘味炒芥蘭，還有臘味蘿蔔糕等等，成為中國獨有的滋味食材。

　　臘製肉食的另一大類是「火腿」，著名的有浙江的「金華火腿」、雲南的「雲腿」等。

浙江的「金華火腿」選用當地良種豬的後腿醃製而成，香味濃烈。

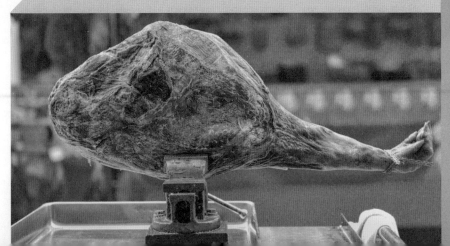

把鹽倒在蝦上，並放在太陽底下晒，便成為蝦膏。

中國有甚麼主要的海鮮和河鮮

　　中國大陸的海岸線長達 18,000 公里，由北至南連接渤海、黃海、東海、南海，範圍十分廣闊，所以海鮮種類和產量也很豐富，包括各種魚類，也有蝦、蟹、龍蝦等甲殼類，或是牡蠣（蠔）、花甲、蜆、海螺、鮑魚、海膽等貝類，以及海參、海蜇、墨魚、魷魚、八爪魚等各種生物，美稱為「海上鮮」。其中較罕有的都能賣上很高的價錢。

　　河鮮是內陸的淡水魚、蝦、蟹等水產食物的泛稱，所以其實也包括湖鮮和魚塘的養殖食物，常見的魚有草魚、大魚、鯉魚、鯽魚、鯪魚等，另外有各種鱔類、蛙類食品。此外，水產如肉類一樣，可以

香港人愛吃的大閘蟹是江南出產的名貴湖鮮

醃製和變成乾貨，令我們的食物選擇更多元化。通常乾貨的味道會變得更濃郁，也別有風味，最名貴的是「四大海味」的鮑（魚）、（海）參、（魚）翅和（魚）肚。

「四大海味」：鮑、參、翅、肚。

古代捕撈水產的方法

1 把魚罩蓋在淺水區，再從上方的洞口取魚。

2 用鸕鶿捕魚。在鳥的頸部綁繩，讓牠們捉魚後無法吞下去，漁夫便可從牠們的嘴巴把魚取出。

3 用一張大型的魚網把魚從水中撈起。

中國有甚麼土產的特色瓜菜？

在農村的田野上，常見種滿了綠色的農作物，如節瓜、苦瓜、白菜、通菜、菠菜、莧菜等等，還有番薯、馬鈴薯和木薯等，要細數半天也數不完。上文提及有很多瓜菜品種是外來的，這裡特別介紹兩種中國本土的作物：蔥和大白菜。

「你算哪根蔥？」是北方人常說的一句俚語，說起來就是把人比喻成蔥一樣不重要，帶有嘲笑的意思，但這句話真是冤枉了它。蔥在蒸魚時只用作去腥、在魚蛋粉上只當蔥花，但在一些菜式如爆炒大蔥、蔥爆羊肉（或牛肉）中，它便成了名副其實的主角，實在是能屈能伸呀！

源自中國北方的大白菜種植容易，亦耐儲存，這大概是古時北方人在冬天中唯一吃到的蔬菜。鄰近中國東北方韓國著名的泡菜，便是

四川名菜：開水白菜

已煮熟的菜　　＋　　鹽　　＋　　菜水

鹹菜

以大白菜為主。我們千萬不要看輕大白菜只用作平民菜式，四川有道名菜，叫開水白菜，用十幾小時的功夫熬製清而濃的雞湯，配上香嫩的大白菜心，售價可不菲呢！

　　菜也是可以醃製的，我們平時在早餐吃到的「雪菜」或「榨菜」，就是醃菜，還有廣東流行的菜乾、梅菜等。醃製的方式五花八門，家家配料不同，可以加醋、加辣或加鹽，然後造出酸菜、辣菜、鹹菜，各有風味。酸菜可以用來煮魚、辣菜脯可以用來炒菜、鹹菜可以煲湯，甚至直接挾一口菜配一口飯亦可，味道強烈，能令你食慾大振呢！

中國本土的特色水果呢 **?**

　　水果的種類不比蔬菜類少，好吃又有益，大部分蘊含各種維他命和礦物質，能補充身體所需，又有豐富的食物纖維，有助消化，增加食慾。

　　中國各地都產有不少特色水果，其中廣東產的荔枝是中國特有的，在 2,200 多年前的秦代便成為進貢朝廷的「貢品」。到了唐代，相傳唐玄宗為搏楊貴妃一笑，不惜以快騎將荔枝由千里以外的嶺南送至長安，杜牧的詩句「一騎紅塵妃子笑，無人知是荔枝來」便是敍述此情景。宋代的蘇東坡曾被貶到廣東惠州當官，也寫下「日啖荔枝三百顆，不辭長作嶺南人」的名句。

中國特有的水果——嶺南荔枝

中國特有的北京水蜜桃皮薄多汁，是當地的特產，也是中國特有的品種。

哈密瓜是新疆特產

台灣盛產鳳梨

　　中國西北有很多著名的瓜果，其中甘肅蘭州和新疆哈密等地出產的各種密瓜最有名，瓜肉肥厚，口感清脆爽口，也是送往朝廷的貢品。

　　此外，各地還有很多著名水果，如天津的鴨嘴梨、新會的甜橙、台灣的鳳梨（與菠蘿不同）等。

　　中國原產水果的一些特質，也給富想像力的文學家看中，加以聯想和引伸，豐富了我們的詞彙，好像桃和李，枝葉茂盛，果實豐盈，正好用來比喻老師教過的學生眾多，各有成就，「桃李滿門」就是這樣而來；其他成語還有「投桃報李」、「艷如桃李」等。特別是桃，神話中的王母娘娘在壽辰舉行「蟠桃會」盛宴，以桃為主食宴請眾多神仙；《西遊記》的孫悟空，就是因為沒有被邀請而大鬧天宮呢！

菌是甚麼食物 ？

　　菌是泛稱，包括飯桌上我們常見的冬菇、雲耳、木耳等，其實種類很多，雲南出產的食用菌類就有數十種之多。

　　菌類食材不僅會散發一陣獨特的菌香，也各有營養價值，例如冬菇既有高蛋白，脂肪成分亦低。黑木耳鐵質豐富，又能減少血液凝塊，降低患心血疾病的風險。猴頭菇含有大量不飽和脂肪酸，有效降低膽固醇，促進血液循環。菌類普遍具有滋補的「食療」作用，而且味道甘美，可以單獨做菜，也可跟肉類配搭成「葷菜」。

　　但是，菌類不能夠隨便吃，特別是在草地和山野間看到一些不知名的野菇等菌類，生吃和烹煮都不適宜。它們成分不明，部分更可能含有毒素，吃後輕則肚瀉，重則甚至可以致命。

黑木耳有食療作用

冬菇有豐富的蛋白質

砍樹就可以種菇 **？**

　　菌類本生長在田野之間，後來中國人發現了更便捷的種植培養方法，名叫「砍花法」。做法很簡單，就是在樹木砍下斧痕，菇菌便會在裂痕中自然滋生，農民待菇菌約兩年的成長期後便可進行採摘，成效事半功倍。

1 在樹木砍下斧痕

2 菇菌在裂痕中滋生

甚麼是野味？

你能想像把山野間的果子狸、穿山甲，甚至狐狸、駱駝、熊和蝙蝠等吃進肚子嗎？

果子狸

過去食材匱乏，人們需要通過狩獵獲取食物，後來馴養禽畜，食物來源變得穩定。不過至今還有繼續在山野中狩獵其他動物和飛禽，以豐富餐桌上的食材，一般稱之為「野味」。

然而，很多野味的來源不明，通常帶有很多病毒和細菌，又常欠缺衛生的監管便直接在市場售賣，食用安全成疑，為自己及家人著想，大家記得要向野味堅決說不！

禾花雀

穿山甲

4

第四課
CHAPTER

中菜的

色、香、味

烹飪是技巧，也是藝術，大家都喜歡可口的美食，所以孔子很早就說：「食不厭精」，這是人的天性，誰曰不宜？這裡要注意的是，中國人所謂食得「講究」，並不是要用「奢華」的食材，而是菜要做得「巧手」，吃的人也懂得分辨菜是否做得好，最簡單的煲飯、炒菜、煮一隻蛋、開一壺茶，都是有技藝上的高下之分的，中國人以「色、香、味」衡量食物的水平，其中色是指食物的「賣相」。

中國地大人多，各地煮食的方法和喜好都有不同，而且自古即講究飲食，所以有全世界最複雜多變的烹飪技術，據說有 18 種基本方法，細分更有 30 多種，一般家庭和酒家常用的則有 10 多種，我們只要稍留意家中怎麼煮食，就能明白。

講究「賣相」的東坡肉

若將煮食的方法作大分類，則有「水煮」、「油煮」、「火煮」、「冷吃」、「熬湯、羹」等，這些都是家中最常見的。此外，有滷、涮、溜、烘、焗等，也很普及，大家知道的有多少呢？

　　在中國人的烹飪中，有兩種技巧非常重要，那就是「刀章」和「火候」。兩者和色、香、味都很有關係，其中的味還有「五味」和「六味」的說法，讓我們在這一課都了解一下。

乳豬外脆內嫩，非常講究火候。

重慶火鍋，強調色香味全。

甚麼是用水煮食？

水煮主要有「蒸」、「燉」和「炆」。

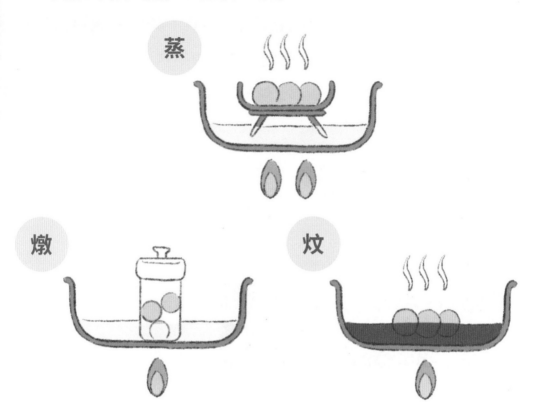

蒸就是把水加熱成蒸氣，以煮熟食材，「煲」飯也就是蒸飯，家中常見的還有蒸魚、蒸肉餅、蒸蛋等。蒸的用途很多，而且較為健康。

用水煮食的其他方法還有燉和炆。燉是把食材放在燉盅或密封的盛器之內，需時較長，常用作燉湯水或是甜品，如木瓜燉雪耳。

炆是以慢火將食材煮熟，令食材變軟並保留多些原汁，如蠔油炆冬菇、炆羊肉等。

用油煮食又有哪幾種？

　　油煮主要有「炒」、「煎」、「炸」、「爆」幾種。

　　炒和煎很相近，都是在鑊內加微量的食油，以火加熱。炒是急速將食物翻弄至熟，直到沒有或僅餘小量汁液，如蝦仁炒蛋、炒牛肉片等。煎是把食材放在淺油上，以慢火煎熟，令食物的表皮香脆，同時把食物的味道及濕度「封」在表皮以內，令味道特別香濃，如煎金蠔、煎魚等。

　　炸和爆兩種方法也很相近，主要是用油較多，炸是把食材放入大量熱油中浸泡，由於油的傳熱性高，食材可在極短時間內熟透和變得酥脆，味道特別香口，如炸豆腐、炸豬扒。爆是以高溫多油，將有濃汁的肉類食物用半炸半炒的方式弄熟至香口多汁。

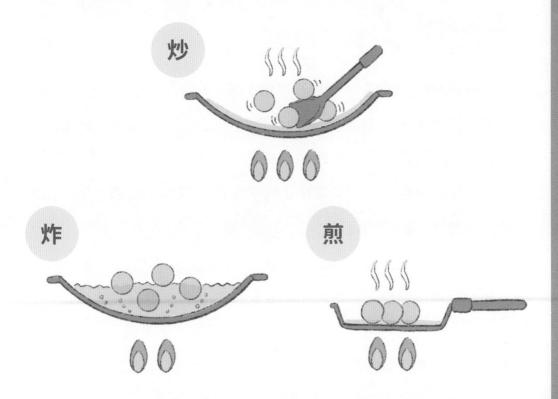

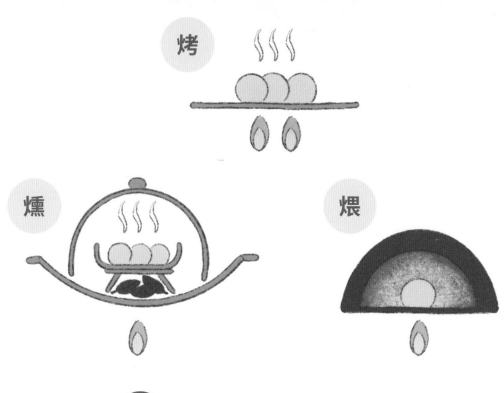

甚麼是火煮？

火煮有「烤」（燒）、「燻」、「煨」等。

烤是直接用火或其他熱源將食物加熱至香熟的方法，廣東的燒味、京菜的烤鴨和小吃中的串燒都是。

燻是用熱力直燒，將具濃郁香味的配料如茶葉等起煙，讓帶香的煙進入主食物，如茶燻鴨。

煨分為湯煨和泥煨。湯煨是把食材放進熱湯之中慢慢煮熟，使食材入味，如湯煨鮑魚，泥煨則是把食材完整包裹，放在泥土或土窯之中，在窯中注入熱力把食材煮熟，如泥煨番薯、泥煨雞（教化雞，俗名乞兒雞，參看頁64）等。

可以解釋刀章是甚麼嗎？

　　所謂刀章，就是用刀把食材分離的「章法」，因應不同食材，採取最恰當的刀法，簡單來說有片、切、削、剁、剥、雕、薄、幼、細、快等，要能拿捏自如，一點都不容易，例如可以把一磚豆腐切成薄片或如髮絲般纖幼，過程好像在看一場技藝表演，不消一番功夫，食材完全脫胎換骨，但刀章絕不僅是用於炫耀賣弄，它可以徹底影響食材的賣相和味道。

刀章下的菊花豆腐

除了烹調以外，刀章下的食材也會用作伴碟的裝飾，呼應那碟餸菜的主題，同時增加進食時的視覺享受。我們可以薑為例，不同形態的薑有不同的用途了，就要用不同的「刀章」處理，其產生的食味效果是不一樣的。

薑片
作用：去腥

薑絲炒肉絲
作用：主配料

薑蓉
作用：調味料

一些運刀如神的大師傅，都是經過長年鍛鍊的，不是看似般容易，烹飪成為藝術，這些大師傅的貢獻很大。

那麼火候呢？

對於中菜來說，刀章和火候的關係密不可分。有人說「三分刀功七分火候」，又有人說「七分刀功三分火候」，各有說法，應該是不同的食材和菜式會有不同的要求。兩個步驟的關係是，不同食材的軟硬、老嫩、厚薄、材質各異，在烹調過程中，刀章是前期功夫，火候是最後把關，要能精心調控火力大小和時間長短，才能做到最好的烹飪效果。

廣東人特別喜愛評論一碟菜有沒有「鑊氣」，其實就是在說用鑊炒菜時，能不能把猛火帶到鑊中，造就獨特的香氣和味道。

火候外，醬汁的調校也可以為食物增添色香味。

　　廣東人特別喜愛評論一碟菜有沒有「鑊氣」，其實就是在說用鑊炒菜時，能不能把火力適當地帶到鑊中，造就獨特的「香」和「味」；此中的小火或慢火稱為「文火」，大火或急火稱為「武火」，有時是先武後文，甚至加入中火等等。

　　火候是烹調過程中不容有失的工序，上述提及過的食材選取、醬汁調較、刀章運用，最後，到底是會令食物變成珍饈百味，還是生澀、變老、變糊、變質，暴殄天物，就視乎烹調時的火候了。

五味和六味是怎樣分的？

　　五味很簡單，就是我們日常飲食中的甜、酸、苦、辣（也稱辛）、鹹，加上「鮮」就成為六味。

　　五味可以是源自食物本身，但為了使各種食物變得有更多滋味，人們會創造出不同的醬料（醬油、辣醬、甜醬、芝麻醬、番茄醬等）和醋（黑醋、白醋、紅醋、米醋、果醋等）等佐味品，中外如是。中國的醬醋文化非常豐富，各地都有不同的產品，千變萬化，大家不妨看看家中有多少醬料。

　　鮮是指食物的原來味道，食物當然要新鮮的才好味，我們可以盡量取吃其原味（例如清蒸魚、白灼蝦、潮州凍蟹），若加上調味和用較複雜的方法煮食或臘製，都可以使其原味加強或產生變化，但這些食材本來就必須是新鮮的。

螃蟹蘸醋吃，可以去腥味。

蠔油是中國特色調味之一

5

東西南北大不同

中國地大物博，中國菜只是一個整體概念，各個地方的歷史、氣候、地形、物產都不相同，故有所謂「一方水土養一方人」，一些地方靠山吃山，一些地方靠水吃水，各自發展出不同的地方菜，我們稱之為一個菜系，最普遍的說法是有八大菜系：

魯（山東）　　徽（安徽）

蘇（江蘇）　　浙（浙江）

川（四川）　　湘（湖南）

粵（廣東）　　閩（福建）

其實八大菜系也只是一個統稱，定義人人不同，有人會分四大菜系、又或十六大菜系等。我們也常會見到以「京菜」（又稱「北平菜」）、「上海菜」（又稱「滬菜」）、「杭州菜」、「淮揚菜」、「台灣菜」、「客家菜」、「東北菜」、「新疆菜」等為號召的館子，個別的菜式還有「海南雞」、「雲南米線」、「蘭州拉麵」、「山西刀削麵」、「蒙古烤

魯菜

蘇菜

徽菜

浙菜

川菜

湘菜

閩菜

粵菜

中國八大菜系圖

肉」等等，實在數之不盡。每個菜系或地方菜都蘊含著獨特的人文背
景，各有自己風格的烹飪技巧和味道，具有濃厚的地方特色。

　　在這一課，我們會介紹今日坊間比較流行的地方菜，先從大家較
熟悉的粵菜開始。

粵菜有甚麼特色呢 ?

　　粵菜是中國最著名的菜系之一，粵是廣東的簡稱，粵菜主要是指廣州及附近珠江三角洲一帶流行的菜式，有「食在廣州」的美譽。坊間也流行潮州菜和客家菜，兩者同是廣東的地方菜，但和上述的粵菜有分別。粵菜的烹調方法特多而精細，材料、刀章、火候都非常講究，也格外重視保留原汁原味。

　　由於廣東近海，因此海鮮、海味的食材特別豐富。此外，廣東的燒味、燒臘、粥麵和老火湯都很有名。還有粵式點心，「一盅兩件」的廣式飲茶是廣東人的至愛，有些人一天可以去茶樓「嘆茶」兩、三次之多。

　　在粵菜中雞的地位很重要，有「無雞不成宴」之說，烹調方法也五花八門，不下數十種之多，最著名的有白切雞、豉油雞、炸子雞、蔥油雞、沙薑雞、燻雞等。

　　一些廣東人好吃野味，廣東的蛇羹是著名菜式。他們還愛吃所謂

廣東點心的經典：蝦餃和燒賣

「田基」美食，包括禾蟲、蛤蟆，蟾蜍、蚯蚓、蠍子、龍蝨、金蟾、螞蟻、田鼠等等，因此有人說，廣東人甚麼都敢吃。不過，一些野味今日已有養殖，但真正的野味及「田基」美食並不衛生，現在已被視為有害的食物。

揚州炒飯（粵菜）

大家都知道粵菜中有著名的揚州炒飯，但揚州不在廣東而在遙遠的江蘇，因此揚州炒飯的來源眾說紛紜。

一說隋煬帝在南巡到揚州時，曾吃過當地的蛋炒飯，非常喜歡，自始蛋炒飯便流行起來，更被美名為「碎金飯」；後來的廚師會添加各種配料，如火腿丁、青豆、蝦仁、黃瓜丁等等，但蛋仍是主角。

上世紀的三十年代，據說廣州的淮揚菜館也賣炒飯，加進了粵式的叉燒和大蝦仁等，稱之為揚州炒飯，搖身變成為粵式名菜。揚州炒飯的烹飪標準在蛋和飯炒得好不好、香不香，其他的都是配角。

海南雞（南洋菜）

在南洋星、馬等地和香港都很流行的海南雞，其來源也引起很多爭議。海南島過去是屬於廣東省的（今已獨立成省），出產有著名的文昌雞。

在南洋一帶的海南島華僑不少，所以有說是由他們將海南人的吃雞方式帶到了東南亞，成為當地的美食，後來又傳到了香港等地，但其煮食方法和所用醬料都已有很多變化。

能介紹潮州菜嗎？

　　潮州菜和客家菜也是廣東的地方菜，菜式種類不及粵菜豐富，但自成風格。潮州近海，特別盛產海鮮和其他貝殼類食物，有所謂「無海鮮不成宴」，例如凍蟹、生醃蜆和潮州魚飯等；特別是魚飯，其實是把捕捉到的魚獲清洗乾淨後用鹽水煮熟，然後當飯吃。

　　潮州菜也以滷水食品著名，例如滷水鵝、滷水豆腐、滷豬頭肉等。

　　您聽過「打冷」嗎？那是吃潮州菜的意思，食制是用粥配合其他食物，可多可少，可豐可儉；而潮州人普遍崇尚節儉，認為「燒糜損菜」，意思是如果粥太熱太燙，不能一口吃下的話，就會多吃了下飯的菜餚，所以正宗的潮州粥都是溫溫的。

潮式凍蟹

那麼客家菜呢？

　　「客家」是外來的意思，客家人在山區聚居的最多，他們在過去遷徙的過程中，喜歡用鹽來醃製食物，以增長保存期，而且平日勞動多，不斷流汗，也要多吃鹽份來補充體力。這種生活習性影響了客家人的飲食口味，於是有鹽焗雞、鹹豬肉等著名客家菜色，又用醃製過的菜類入饌，例如梅菜扣肉、豬肚酸菜湯等。

　　為了不浪費食材，客家人也會用各個部位做菜，有「四炆四炒」之說，材料包括豬肚、豬腸、豬肺、鴨血等。

梅菜扣肉

鹽焗雞

閩菜的特色是甚麼？

　　閩菜亦即福建菜，是八大菜系之一。福建位於東南沿海，多魚、蜆和螺等海鮮，這一點和粵菜很相近，而做菜的方法兩者有同有異。福建人也喜歡熬湯，一湯十變，其整體是重視原味，因而味道偏淡。不過，閩菜也有以濃汁製作的「佛跳牆」，將山珍海味一窩共煮，其香撲鼻，據稱使壁後的和尚也要跳過來享用，故有其名，是閩菜中的名菜。

　　在台灣流行的一些食制和閩菜相近，算是閩菜的旁支。不過，因為台灣先後經過荷蘭及日本的統治，以及 1949 年的外省菜的影響，所以已變成「混合菜」，主要是閩菜加了川菜及粵菜的成份。

佛跳牆

糖醋魚

上海菜不是八大菜系，為甚麼這麼重要和流行？

　　在中國江南一帶亦有很多美食，過去的揚州、南京、蘇州、杭州、寧波等，都各自有特色的地方菜，一般分為江蘇菜和浙江菜兩大系。19 世紀鴉片戰爭之後，上海發展成為江南最繁華的工商業大城市，吸納了蘇、浙各地的美食，就變成上海菜了，有時也稱蘇浙菜、淮揚菜等，其烹調風格之一，是以紅燒、煨、炖、燜等方法為主，特色是濃油赤醬，糖重色稠，代表作有炒鱔糊、醬油蟹和紅燒黃魚等。此外，又吸納了杭州菜的龍井蝦仁、杭三鮮、蜜汁火腿、宋嫂魚羹、西湖醋魚等。

　　蘇浙一帶屬江南水鄉，河道縱橫交錯，河鮮種類眾多，海產也多，因此還有清蒸鰣魚、炸溜黃魚和煙燻魚等菜式；又有部分上海菜以黃酒入饌，例如醉雞、醉蟹和酒釀鰣魚，味道散發著一陣淡淡醇香。所以有人說上海菜是「淡妝濃抹兩相宜」，反映了上海是一個溶爐城市，兼收並蓄。

炒鱔糊

教化雞（江蘇菜）

　　教化雞原名「叫化雞」、「乞兒雞」，後來嫌名字不好聽，改稱「教化雞」，更有稱之為「富貴雞」，變成和乞兒全沾不上邊！據說在清初期間，在江蘇一名乞丐找到一隻雞，可惜苦無炊具又無調味料，只好用泥把雞封住，然後放在火堆中煨熟，打開泥巴後竟然香氣四溢，雞味濃郁，之後就成為大眾的美食了。

東坡肉（杭州菜）

　　相傳由宋朝的蘇東坡發明。他任杭州知事期間，西湖淤塞，蘇東坡便號召當地人參與疏浚水道，築堤建橋，大功告成後，吩咐傭人烹調百姓送給他的豬肉，連酒一起犒賞民眾，但傭人誤將肉和酒一起烹調，反而錯有錯著，味道異常甘腴鮮美，人們為感謝蘇東坡對當地的貢獻，順道將此菜命名為「東坡肉」。

京菜的來源又是甚麼 ?

　　京菜源自八大菜系的魯菜，北京是明、清時的國都，而宮廷廚師多來自山東，令山東菜成為御膳中的主菜，在北京發揚光大，成為京菜的主調。

　　魯菜可細分為濟南菜和膠東菜，前者資源豐富，取材廣泛，口味偏於濃烈，名菜有糖醋鯉魚和鍋燒肘子等；後者臨近黃海，海產量大，著重保留食材原味，名菜有蔥燒海參和油燜大蝦等。

　　此外，北京以國都的特殊地位，吸收及融和了各地飲食文化和風格。「滿漢全席」是京菜的代表作，它的精髓在「滿漢合一」，共有一百零八道菜，滿菜和漢菜各五十四道，菜式包羅萬有，有葷有素，山珍海錯紛陳，食材有山八珍、海八珍、禽八珍和草八珍等，據說要三日三夜才吃得完。

　　另外，京菜也受北方遊牧民族大杯酒、大塊肉的豪邁風氣影響，常見烤肉和涮羊肉等菜式，至於主食則以餃子為主，餡料通常是碎肉和蔬菜，製成蒸餃、湯餃又或是煎餃、燒餅和炸糕等。

涮羊肉是傳統京菜，冬天尤其受歡迎。

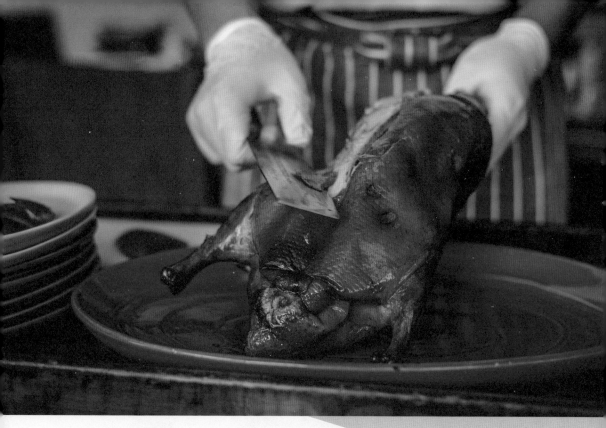

北京填鴨是京菜的名菜

北京填鴨（京菜）

北京人喜歡吃鴨，其中以北京填鴨最具代表性，但北京填鴨其實是在南京燒鴨的基礎上發展而來的。據說由南京遷都到北京的明成祖因懷念兒時在南京品嚐的燒鴨，故將之帶到北京。

北京「全聚德」烤鴨店很有名，首創有「全鴨宴」，以北京填鴨為主料烹製各類鴨菜組成筵席，除烤鴨之外，還用鴨的舌、腦、心、肝、胗、胰、腸、脯、翅、掌、鴨蛋等為主料，烹製的不同菜餚；要注意的是，全鴨席是「全都有鴨」，而非「全部是鴨」。

狗不理（京菜）

　　清朝中葉，在天津市一戶農家，老來才得子，把他的乳名改為狗子。狗子長大後，到市上一間食鋪做小夥計，因為勤奮好鑽研，學到一手做包子的好手藝，包子吃來口感軟綿，餡料鮮香；後來他自立門戶，客似雲來，因忙於整包子，沒空跟客人說話，於是人們說「狗子賣包子不理人」，於是有「狗不理」這個叫法。

可以介紹川菜嗎？

　　川是四川，川菜是典型的南方內陸地方菜，其特色在辣，四川附近的湖北、湖南、貴州等地也嗜辣，但各有不同。有一句話是「四川人不怕辣，貴州人怕不辣（一說湖北人），湖南人辣不怕」；其中四川人喜歡「麻辣」，吃甚麼也放辣；貴州人喜歡「酸辣」，經常以此做湯鍋；湖南人吃辣的花樣多，不單給食材調味，還直接把辣椒當餸。

　　要認識川菜不太難，如果你吃得舌燥唇焦，大汗淋漓，這就是川菜的味道。川菜也不是一味辣，它本身亦講究「七滋」（甜、酸、麻、辣、苦、香、鹹）和「八味」（魚香、酸辣、椒麻、怪味、麻辣、紅油、乾燒、乾炒），味道強烈，原料多採用家常食材，亦多河鮮菜式，多以小炒、乾煸、乾燒、泡燴等烹調方法；麻婆豆腐、回鍋肉、口水雞、宮保雞丁、水煮魚、重慶火鍋等都是代表菜式，其中重慶火鍋滿盆辣椒，湯色赤紅，更是不少嗜辣人士的最愛。

麻婆豆腐

夫妻肺片（四川菜）

　　清末時候，四川成都流行一種以牛雜碎加入醬油、花椒、紅油等香料涼拌而成的小吃。一對姓郭的夫妻，把一些作為低廉下欄貨的牛雜切成薄片，加入麻辣甘香的醬油來調味，稱之為廢片。後來有人一試難忘，送他夫妻一道牌匾，改「廢」為「肺」，夫妻肺片從此打響名堂。

湘菜有甚麼特色？

　　湘（湖南）菜是中國八大菜系之一，其油重色濃，酸辣焦麻，亦稱「無菜不辣」，分鮮辣、酸辣、鹹辣、胙辣、油辣等，所做菜式如左宗棠雞、肘子、蹄筋、掌翼等均很有名。旁邊的鄂（湖北）菜同樣嗜辣，但也重鮮味，以河魚和鴨為特色，有稱無湯、無魚、無丸均不成席，其中河鮮中最有名的是武昌魚。

　　不過，海外華埠（唐人街）的「左宗棠雞」為了遷就西方人口味，將之改為酸甜加少許辣，已不是正宗湖南菜了。

左宗棠雞口味濃烈，集鹹甜香辣於一身。

中國還有甚麼特色的地方菜？

　　八大菜系之一的徽菜，源於安徽的徽州，靠近黃山，中間有豐樂河穿過，物產豐富，山區野味，河裡活鮮都不缺，名菜有火腿燉甲魚、紅燒果子狸、醃鮮鱖魚等，因食材很「地道」，在其他地方不太流行。

　　黑龍江、吉林、遼寧等地的是東北菜，那裡天氣寒冷，所以最常吃火鍋，供大家一起邊吃邊取暖，那裡的人也愛吃酸菜作開胃菜。

　　蒙古的烤肉，是在巨型烤爐上高溫翻炒各種肉類和蔬菜，過程滋滋作響，香氣四溢，大家圍爐共吃，份外熱鬧，充滿塞外遊牧民族的豪邁本色。

徽州菜重油、重色、重火功。

傳統東北菜——酸菜燉豬肉。

　　還有西北的回族菜，又名清真菜，因為伊斯蘭教禁止食豬肉，因此主要食用羊肉和牛肉等牲畜，並需以伊斯蘭教規屠宰；過去因缺少南方的稻米，故回族的主食是小麥、玉米和馬鈴薯。

　　此外，中國全國各地都有自己特色的地方街頭小吃，都是就地取材，價廉物美的大眾食品，現在都成為外來遊客必嚐的美食。

新疆土豆牛肉清真食品

第六課
CHAPTER

酒文化

世界各地的不同民族，大多各自釀造了不同的酒，種類之多如恆河沙數，由此可見酒在人類的飲食發明中有其「共通性」，以酒佐食，所謂「美酒佳餚」，在中、外都被視為人生享受。

酒有其自身的營養價值，也可以幫助血液循環，但酒精是能傷身的，並不適合兒童和少年，因此一般的法例是要到18歲才可以喝酒。此外，一些成人的體質也不適宜喝酒，而任何人都不宜飲過多和過烈的酒，「酗酒」更是不正確的行為，大家都要知所警惕。

中國有非常豐富的酒文化，種類繁多，從考古所知，酒在六至八千年前的新石器時代便出現了，到三、四千年前的夏、商時代，就有很多銅製的盛酒器皿，可見酒在皇室和貴族中已很流行。酒大抵在漢代逐漸走進民間，在唐代成為大眾的飲品，釀酒技術亦臻於成熟，並傳入了朝鮮和日本等地。

中國的酒文化有一大特色，就是除了用來「佐食」之外，也用於「敬」的各種禮儀。此外，酒對中國「士人」（讀書人）的生活和創作很有影響，在中國的文學作品中，酒佔了一個相當重要的地位。

水 ── 酒瓶 ──→ 酒

酒是在甚麼時代發明的？

在黃河和長江流域，有很多 5,000-8,000 年前的人類社會遺址，出土文物中就有不少酒器。古代的傳說則稱酒是杜康發明的，杜康一說是黃帝的大臣，另一說是夏朝的國君；不論如何，傳統的製酒業都是以杜康為祖師爺；在文學中杜康亦是酒的代名詞，如三國曹操的《短歌行》就有「何以解憂，唯有杜康」的名句。

酒在甚麼時代開始在民間流行呢？

在商周至秦漢的時代，酒在皇室和貴族的生活和禮儀中就很重要了。

在漢之後，有三國和魏晉南北朝，酒在文人雅士中流行，在文學作品中也出現得愈來愈多。魏晉之間的名士劉伶，與阮籍等七人常聚於竹林下暢飲，世稱「竹林七賢」，劉好酒而又酒量最好，還寫了一篇《酒德頌》，於是劉伶便成為「好酒」之人的代表，有「杜康造酒醉劉伶」的說法，「劉伶之僻」就是愛喝酒的意思。

圖中的爵是古代飲酒用的器具，也是最早的青銅器，在約 4,000 年前的黃河流域的遺址中出土。

唐《韓熙載夜宴圖》，古人看表演時飲酒作樂。

　　唐宋之際，不論文人雅士販夫走卒，人人把盞，酒肆林立，飲酒蔚然成風，宋代張擇端的《清明上河圖》就看到不少迎風飄揚的酒帘和腳店。

宋張擇端《清明上河圖》

可以解釋酒與「敬」的禮儀有甚麼關係

在中國商、周的時代，酒在祭神和祭祖的禮儀中就已不可或缺，祭祀的精神就在「敬」。

祭祀的時候還必須由最年長或居位最尊的來主持敬酒，其後「祭酒」變成了名詞，代表地位最高的人。漢代有「博士祭酒」，即是在學術上地位最高的學者；隋代有「國子監祭酒」，國子監是官學的最高學府，「祭酒」成了正式官職稱號。

在中國人的禮節中，除了祭祀之外，正式的飲宴（如迎賓、訂約、餞行、祝壽、結婚等）都有舉杯「敬酒」的習慣。在婚俗中，一對新人會進行「交杯酒」儀式，寓意彼此共諧連理，永不分開。

酒也用作言志，藉著飲酒來表達自己的意志和決心，又或用於給親友壯行，凸顯雙方的豪情和心意。

中國還有其他和酒有關的習俗嗎

酒的習俗很多，各地都有所不同。如傳統的浙江紹興家庭，在嬰兒初生時，都會在地窖裡藏著一罈酒，如果生的是男孩，期望他長大後出人頭地，赴京應考高中而回，那時便將酒拿來大宴親友，名「狀元紅」；如果生的是女孩，便待她日後出嫁時作用來迎賓，名「女兒紅」。

中國人也會在不同節慶飲不同的酒，例如元旦飲椒柏酒，正月十五飲填倉酒，端午飲菖蒲酒，中秋飲桂花酒，重陽飲菊花酒，使佳節倍添特別的氣氛。

中國的酒可以如何分類呢

主要是以色澤和釀製的方法來分,分白酒和黃酒兩大類。

現在中國的白酒是經蒸餾過的酒,其中山西汾陽縣杏花村汾酒的歷史最為悠久,歷代地位崇高,被譽為最早的國酒。唐杜牧的《清明》詩句稱:「清明時節雨紛紛,路上行人欲斷魂。借問酒家何處有?牧童遙指杏花村。」大家都能背誦。這個杏花村是否汾陽的杏花村,則有不同說法。蒸餾造酒的技術,估計最早是唐代發明的,因此早期的汾酒和今日的應是不一樣的。

白酒屬烈酒類別,入口一陣灼熱,主要原料是高粱等穀物,由於高粱是絕大多數中國白酒都用的材料,因此高粱酒也是中國蒸餾酒(一般也稱燒酒)的代名詞,它跟威士忌、白蘭地、伏特加、氈酒和蘭姆酒同列為世界六大蒸餾酒。

今日市場上最著名的白酒,是貴州懷仁縣出產的茅台,賣價很高,亦常用於國宴。其他的名酒還有很多,如五糧液、瀘州老窖、劍南春等等,一般分清香(汾酒)、醬香(茅台)、濃香(五糧液)等12 種香的類型。

黃酒則是以稻米為原料釀製而成的酒,所以又稱米酒,它跟白酒最大的分別在於沒經過蒸餾,酒精含量較低,味道柔和,色澤呈橙黃清亮,所以又稱為「黃酒」。它的種類很多,包括花雕酒、加飯酒和糯米酒等。古代的文學作品中指的酒很多都是黃酒,酒性醇厚,淋漓暢飲也不易醉,備受騷人墨客鍾愛。

高粱是釀製白酒的主要材料

酒和一般食物的關係怎麼樣？

　　酒味香而烈，有助去除食物中的腥臊，又可以幫助消化和提昇肉味的層次，成為佐食的重要飲品。

　　此外，酒也可以用在醃製食物時調味，又或可以烹調時加入，這種做法中、外都很常見，如用黃酒煮雞、做東坡肉、蒸鰣魚等。

大閘蟹配黃酒

士人和文人為甚麼喜歡喝酒呢？

　　飲酒帶來的微醺感覺，激發了許多文人的思泉和詩興，幫助他們在創作中抒發感情。唐代的詩歌藝術獨步古今，而詩人似乎和酒都結下了不解之緣，大名鼎鼎的詩人李白除了有「詩仙」的稱號，更被叫作「酒仙」，他那句「人生得意須盡歡，莫使金樽空對月」，傳誦千古。

　　酒不只和詩人墨客結緣，還和藝術家們結緣，例如唐書法家張旭，工於草書，是「飲中八仙」之一，他著名的「狂草」，字跡奔放自由，筆墨淋漓，便是酒醉後的作品。

《古詩四帖》，是書法家張旭的草書字帖。你認得這些字嗎？

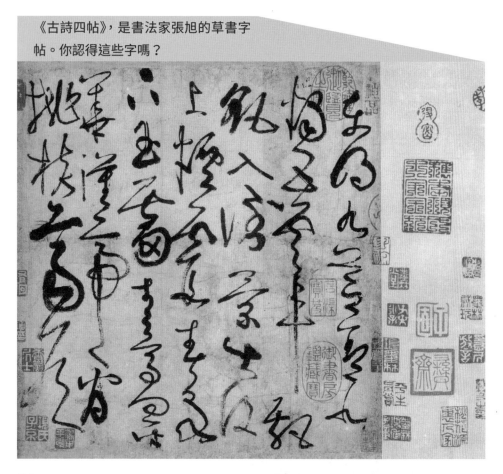

在這裡，我們收錄了一些與酒相關的詩句，看看你聽過多少。

（東漢）曹操《短歌行》
對酒當歌，人生幾何！譬如朝露，去日苦多。
慨當以慷，憂思難忘。何以解憂？唯有杜康。

（唐）王維《送元二使安西》
渭城朝雨裛輕塵，客舍青青柳色新。
勸君更盡一杯酒，西出陽關無故人。

（唐）王翰《涼州詞》
葡萄美酒夜光杯，欲飲琵琶馬上催。
醉臥沙場君莫笑，古來征戰幾人回。

（唐）李白《宣州謝朓樓餞別校書叔雲》
抽刀斷水水更流，舉杯銷愁愁更愁。
人生在世不稱意，明朝散髮弄扁舟。

（唐）羅隱《自遣》
得即高歌失即休，多愁多恨亦悠悠。
今朝有酒今朝醉，明日愁來明日愁。

（宋）蘇軾《水調歌頭》
明月幾時有？把酒問青天。
不知天上宮闕，今夕是何年？

（南宋）佚名《名賢集》
酒逢知己千杯少，話不投機半句多。

（元）施耐庵《水滸傳》第四回
酒中賢聖得人傳，人負邦家因酒覆。
解嘲破惑有常言，酒不醉人人自醉。

第 七 課
CHAPTER

行遍世界的
中國茶

茶的原產地是中國的,其歷史悠久,在先秦時人們便將茶樹的葉子加工成為茶葉,然後用熱水泡浸後飲用。和酒一樣,茶初時是貴族飲品,到唐朝流行到民間各階層,各地都產茶,人人都喝茶,成了中國人的「舉國之飲」;當時陸羽寫了一本《茶經》,是研究茶的經典作品,使飲茶發展成茶「文化」,我們今日稱之為「品茗」。當時飲茶的風氣亦傳到日本、朝鮮等地,在日本又發展成著名的「茶道」。明、清之後,中國很多地方都流行有「茶館」、「茶樓」,上茶館和茶樓成為中國人生活的一部分。

十六世紀茶傳入歐洲,不久即流行於英國等歐洲皇室和貴族之間,繼絲綢和瓷器之後,成為中國古代輸出商品的另一「名片」。茶不久就成為世界性的飲品,還影響了美國獨立運動和鴉片戰爭等歷史。

中國產的茶曾是歐洲貴族的至愛

可以介紹茶在中國的起源嗎？

　　茶在春秋時代的書籍中已有記載，有不同的名稱，當時是貴族的飲品；到西漢時，著名文人司馬相如、揚雄等，均以飲茶著稱，名字已統一為「茶」和「茗」。

　　茶之所以流行，是因為其味是「苦」中有「甘」，《詩經・谷風》早已說過「誰謂茶苦，其甘如薺」；其後由西晉到唐宋，出現了不少「詠茶」的詩，都是讚頌茶的甘美可口，能令齒頰留香，亦有助於養心怡情；我們也知道茶是解渴、去滯、消暑的良飲，又能起提神的作用。現代科學也證明茶是非常有益的健康飲品，能降脂、解毒、治病等，不單是好喝而已。

種類	茶名	發酵程度
綠茶	龍井	不發酵
紅茶	滇紅	發酵
烏龍茶	鐵觀音、水仙、大紅袍	半發酵
花茶，又名香片	茉莉花、菊花、桂花	半發酵
白茶	白牡丹、壽眉	輕微發酵
緊壓茶	普洱	發酵

可否說說中國人的飲茶習慣？

　　我們上酒家和茶樓的時候，甫坐下，夥計通常便會問：「喝甚麼茶？」這看似隨便的一問，證明了飲茶的習慣早已滲透在我們的日常生活之中。

　　大家都知道很多人是每天都喝茶的；有客人到訪，我們須「以茶奉客」；若飲宴中不方便以酒敬客，又可以「以茶代酒」。上茶樓、茶館，可以自酌自飲，又可以「擺龍門陣」，意思就是三五友人聚在一起，沖一壺茶，然後天南地北聊起來。

　　民間還有「鬥茶」之風，「猜謎」中落敗的一方要罰喝茶，就如寫詩不成要罰喝酒一樣。文人則看重茶道，從烹茶之水、選取的茶葉到煮茶技巧和盛茶的茶具，無不講究。

成都茶館

為甚麼飲茶又稱「品茗」？

茶可以粗喝，品茗則是嚴謹細緻地喝茶。「品」字的意思是細辨滋味，評判優劣。要細辨、講究的就不僅是茶葉的品質，還有泡茶的水質及其溫度、泡茶和斟茶的過程等，對茶具的要求也很高；此外，還要追求恰當的環境氣氛、四周的陳設，任何一點若有缺失，都會令這個品字褪色。

唐代的陸羽是將喝茶「藝術化」和「精緻化」的第一人，他的《茶經》把茶的栽培、採摘、研製和煮泡的過程、需要的工具，一一詳細列出，又研究各地的水質，找尋泡茶最好的水，以及在不同環境下，包括山野間等特定情景煮茶的最好方法。

日本深受中國茶文化的影響，從品茶中悟出了「茶道」，它是一種儀式化的飲茶方式，經過層層一絲不苟的指定情序之後，取得心神合一，才慢慢細喝手上那一杯茶，品嚐的不僅是那一陣芬芳的茶味，還要追求在一種恬靜、悠然的精神境界中享受人生。

中國有多少地方種茶？茶又有多少種類？

茶的產地差不多遍佈全國各地，尤其是長江流域和南方各省都盛產茶；另外，黃河流域的陝西、河南及山東等省也產茶，品種之多，難以細數，其中不少都是品質上佳的「名茶」，其中的「珍品」身價不菲，不過便宜的好茶四處都有，成為普羅大眾的最佳飲品。

我們一般是將茶分六大類：紅茶、綠茶（青茶）、烏龍茶、花茶、白茶和緊壓茶。大家都可以查看家中是喝甚麼茶？

茶的原色是青綠色，綠茶一般用焙乾或炒製而成，不發酵，茶色保留青綠，原料以新鮮青嫩者為貴。白茶更嫩，只用焙乾的方法。花茶則是在青綠茶中配以茉莉花、玫瑰花、桂花等以加上不同的香味。

烏龍茶和紅茶都是發酵茶，前者是半發酵，後者全發酵，所以顏色是加深了，茶的香味也有所變化。

緊壓茶是中國西南各省特有的產品，亦是全發酵，又焙乾成為「固體」，以方便運輸；茶近黑色，其香味和其他的又有所不同。

這三杯都是烏龍茶，隨著處理工夫的不同，沖泡出來的顏色都不同。

茶是如何傳到世界其他地方的呢？

十五、六世紀的歐洲大航海之後，來到東方的葡萄牙人和荷蘭人從澳門將茶葉帶到了西方，所以茶在兩地的名稱就是粵音的 cha。

據稱葡萄牙人將茶帶到了英國，英國商人在十七世紀跑到了福建買茶，跟從福建茶字的發音稱之為 tea，結果今日世界各地茶的名稱

也就分為 cha 和 tea 及其近音兩種了。

茶在英國皇室和上流社會流行起來，英式的「下午茶」
（Afternoon Tea）成了一種生活文化，又回傳入東方。茶跟著在世界
各地流行，和咖啡一起成為兩大世界性飲品。

英國人為了可以自給自足不用依賴中國入口，在十八和十九世紀
在印度和斯里蘭卡等地種茶，因而造就了今日中國、印度和斯里蘭卡
成為世界三大產茶地。

茶為甚麼會和美國的獨立戰爭拉上關係呢

十八世紀英國向她當時在美洲的殖民地傾銷茶葉，課以重稅。
1773 年，英屬東印度公司 5 艘滿載茶葉的商船抵達波士頓，徵稅時
遭到抗議，抗議者認為殖民地在英國國會沒有代表，所以英國無權
向他們課稅（每磅茶葉有三便士稅），更乘夜跑到船上將茶葉倒進
海中，他們也因此被稱為茶黨（Tea Party）。事件使英國非常憤怒，
下令關閉波士頓港，英軍也入駐殖民地，在一連串事件下，導致了
1775 年美國的獨立戰爭，1776 年誕生了新的美國。

那麼茶和鴉片戰爭呢

十八世紀，歐美等國家到中國大量採購茶葉，造成嚴重的貿易逆
差，大量白銀流入中國，英方於是在印度開始種茶，又種植鴉片，並
將之走私入中國，終於導致了震驚中外的鴉片戰爭。

第八課

CHAPTER

飲和食德

中國人的飲食文化中，有一些很特別而又重要的思想：一是飲食要得其「和」，亦要有其「德」，並由此衍生出「食補」、「食療」、「養生」等飲食觀念；二是飲食要注重禮儀；三是「重農」和「惜食」，後兩者亦屬於飲食之德。這些觀念都很符合並反映了中國人的傳統「哲學」（包括人的信念和思想方法）和「人生觀」。

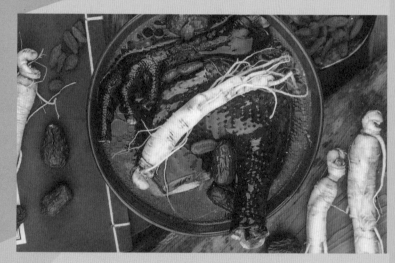

輔以藥材的湯水是中國食療方法之一

五色蔬果配搭的飲食，是中國人均衡的養生飲食觀念。

能解釋飲食的「和」與「德」嗎？

「食德」一詞出於先秦的《周易》，那是儒家很重要的一本書，「飲和」出於《莊子》，屬於道家。先秦的思想家都重視「陰陽」的平衡，認為世間一切事物都應該達到「和」的境界。後人將「食德」和「飲和」合起來，稱之為「飲和食德」，也有說「飲德食和」，兩者是一樣的。

簡單地說，「飲和食德」就是要食得「平衡」，飲食的「和」因此又衍生出「葷素之和、時令之和、性味之和」等觀念。葷是肉食，素是瓜、果、豆、菌，人在兩者之間不要偏食。「時令」和「性味」的說法，則源於中國人相信人應按天氣環境的變化（時令）而進食，而不同的食物本身也有「寒、熱、溫、涼」的性味之分，故主張飲食要取其「平」，這些觀念，亦符合中國人的「和」、「平」和「中庸」等觀念，與中醫藥的理論亦息息相關。

中國亦流行在食物中加入各種中草藥，幫助在四季調適身體。

那麼「食補」、「食療」和「養生」呢？

　　中國人認為身體不好，健康出了問題，不一定需要吃藥，若能在飲食中調節陰陽、寒熱、溫涼，補充不足，都可以改善體質，甚至起療病之效，因此有說「醫食相通」，有些食材亦被稱為「藥食同源」，食物非藥，但有藥的功能。

　　養生則是在一般的飲食安排中，達到上述的健身強體效果。

雪耳燉雪梨，是秋天合時糖水。

	食物例子	功用
春	去濕粥	祛濕健脾
夏	西瓜	消暑散熱
秋	雪耳燉雪梨	潤肺防燥
冬	羊腩煲	進補禦寒

甚麼是飲食的禮儀？

　　中國傳統文化處處都重視和體現著禮儀，餐桌上也有同樣的要求，儘管今天我們生活的方式較古人輕鬆，不會太嚴謹和太執著，但還是應該懂得基本的餐桌禮儀的，一般來說是應以長輩為先，也以客為先；食時不亂動、不喧嘩、不虎咽、不擇食、不浪費、不酗酒，還要重視衛生。

　　不要小看上面這些要求，其實都是我們應該具備的教養，細節做得好，才能獲得別人的尊重。

中國人講究長幼有序，在吃方面也有飲食禮儀。

甚麼是「重農」的思想？

　　古代的經濟以農、漁、牧等為基礎，中國自古「以農立國」，一方面是如本冊子開始所說的：「民以食為天」，另一方面是「尊農」。

　　古時的政府以「食為八政之首」（《禮記》），春秋時，齊國名相管仲稱：「倉廩實則知禮節，衣食足則知榮辱」，由此可見，足食是一個國家管治的基礎。所以孔子亦說：「足食足兵，民之信矣。」，重農也就是重視民生。

　　古代的王朝對農政非常重視，每年正月時候，皇帝都要親自到田裡耕作，名為「親耕」，藉此表達對農耕的重視，也要百官百姓警惕，不失農時。明、清的時代，北京建有「先農壇」，讓皇帝親耕和祭祀先農諸神。

《雍正帝祭先農壇圖》（局部）

為甚麼我們要惜食？

農耕辛勞，農夫由熱暑至寒冬，天天犁田翻土，又要適時小心灌溉、施肥、除蟲，還要期望天公造美，才能有所收成，使大家都能果腹。古詩說：「鋤禾日當午，汗滴禾下土。誰知盤中飧，粒粒皆辛苦。」生動地描述農夫們一滴又一滴的汗水掉在禾田上，才能換來我們一粒又一粒的米飯。廣大的農民實在勞苦功高，我們要懂得向他們表達敬意，也不要浪費食物。唐代的太宗皇帝曾寫《百字箴言》，勸戒朝中百官，其開篇即言：

> 「耕夫碌碌，多無隔夜之糧；織女波波，少有禦寒之衣。
> 日食三餐，當思農夫之苦；身穿一縷，每念織女之勞。」

今天我們得科技之助，糧食豐富了，但農耕仍是很辛苦的工作，糧食安全又是國家安全和溫飽的基礎，所以大家都要居安思危，珍惜食物。

農耕辛勞，食物得來不易，故要懂得惜食。

後記

　　我們日常慣用筷子來夾食物，可這兩根小棒子其實一點不簡單，身份大有來頭。

　　上面四方，方便持執；下面圓形，容易使用，它更象徵天圓地方，反映了我們的宇宙觀；拿筷子一根動，一根不動，才是正確手勢，夾餸菜手到拿來，動靜間彰顯了一陰一陽包羅天下萬物的智慧；筷子長，能在圍食時使用，出於我們喜歡聚居的家族觀念，以至於為甚麼中國人用筷子，西方人用刀叉，也說來話長。

　　就是取食的筷子，已經有許多故事，何況有關中國人的飲食，背後蘊藏更多的文化特質和精神投射。「衣食住行」是日常生活中的根本，食更是最基本需要，肚子得填飽才可以談其他，但飢不代表不擇食，中國人講究色、香、味，形器俱存，處理食材尤其一絲不苟，上乘的刀章和拿捏恰當的火候，缺一不可，那是在味蕾上嚐到的嚴謹精神。

　　進一步說，飲食是人人都有的切身體會，因此有關食物的譬喻也不少，我們說「衣食足，知榮辱」（豐衣足食後，才能顧及禮儀）、「治大國如烹小鮮」（治理大國要像烹小魚般小心翼翼），簡單易明，也說明了飲食自古以來已得到莫大重視，相等於禮制準繩和政治綱領的同等高度，甚至發展出一套藥膳同源的食療文化，吃著來養生。